M.H.M

Méthode
Heuristique
Mathématiques

maternelle

Ressources

MS

Nathan

SOMMAIRE

Le matériel et les jeux

à découper et plastifier

Les fiches d'activités élèves

à photocopier

Les cartes Consigne

DESSINER

COMPTER

DÉCOUPER

OBSERVER

TOUCHER

DÉCOMPOSER

COLLER

PLIER

RANGER

COMPLÉTER

COLORIER

TRIER

Les cartes Vocabulaire

SUR

sur

SOUS

sous

DANS

dans

ENTRE

entre

À DROITE

à droite

À GAUCHE

à gauche

À CÔTÉ

à côté

AUTANT QUE

autant que

PLUS QUE

plus que

MOINS QUE

moins que

PETIT

petit

GRAND

grand

M.H.M maternelle

M.H.M maternelle

M.H.M maternelle

M.H.M maternelle

BALANCE

balance

MATHÉMATIQUES

mathématiques

BEAUCOUP

beaucoup

PEU

peu

DEVANT

devant

DERRIÈRE

derrière

EN HAUT

en haut

EN BAS

en bas

CERCLE
cercle

CARRÉ
carré

RECTANGLE
rectangle

TRIANGLE
triangle

CUBE

cube

CÔNE

cône

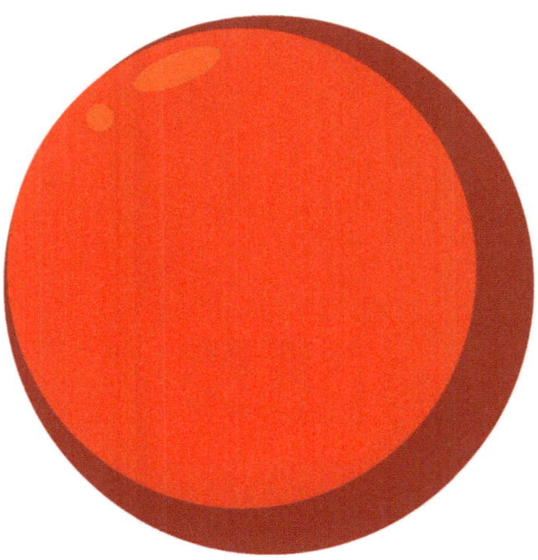

BOULE

boule

TANGRAM

tangram

DÉ

dé

DOMINO

domino

CARTES

cartes

NUMICONS

numicons

PIONS

pions

BRIQUES

briques

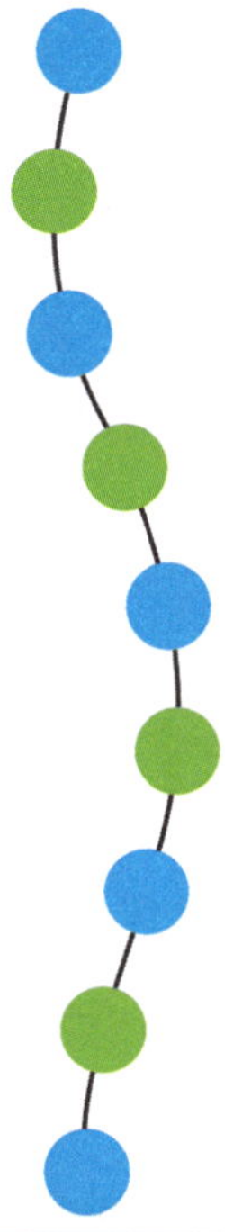

ALGORITHME

algorithme

PUZZLE

puzzle

Les cartes Atelier

BOITE DU MAGICIEN

boite du magicien

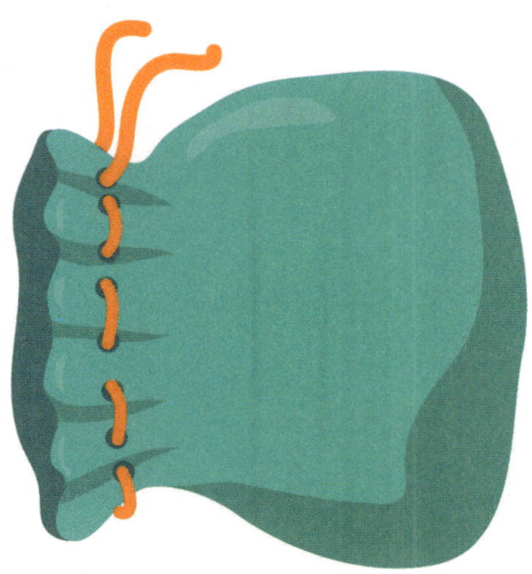

SAC À TOUCHER

sac à toucher

JEU DE CARTES

jeu de cartes

JEU DE CONSTRUCTION

jeu de construction

ALGORITHMES

algorithmes

BOITE À DÉCOMPOSER

boite à décomposer

TANGRAM

tangram

LA MARCHANDE ET LE MARCHAND

la marchande et le marchand

LES FORMES

les formes

DOMINOS

dominos

1	2	3	4	5	6	7	8	9	10

LA BANDE NUMÉRIQUE

la bande numérique

MATHS ET NUMÉRIQUE

maths et numérique

Les cartes flash

2

1

4

3

6

5

8

7

10

9

12

11

M.H.M maternelle

M.H.M maternelle

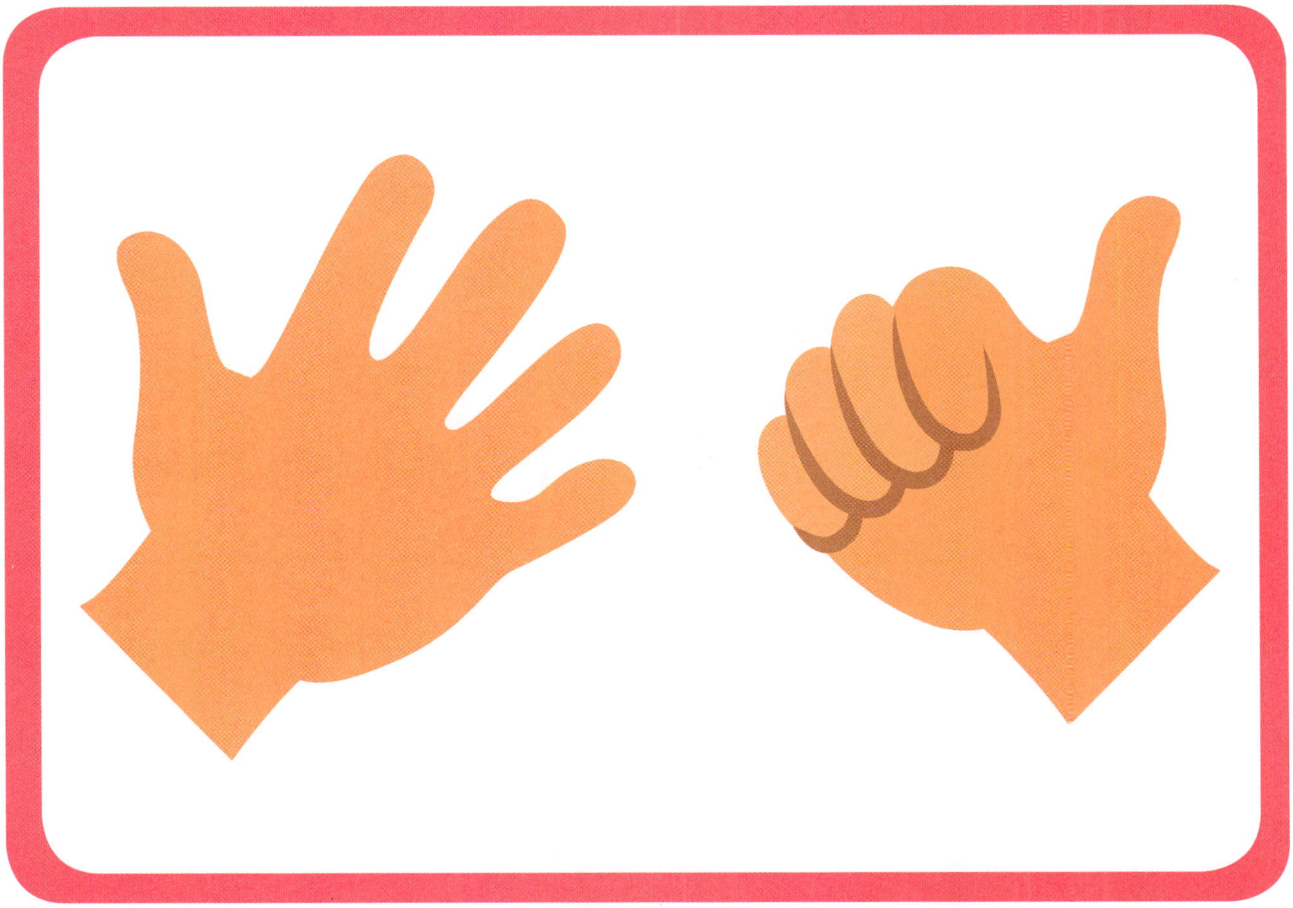

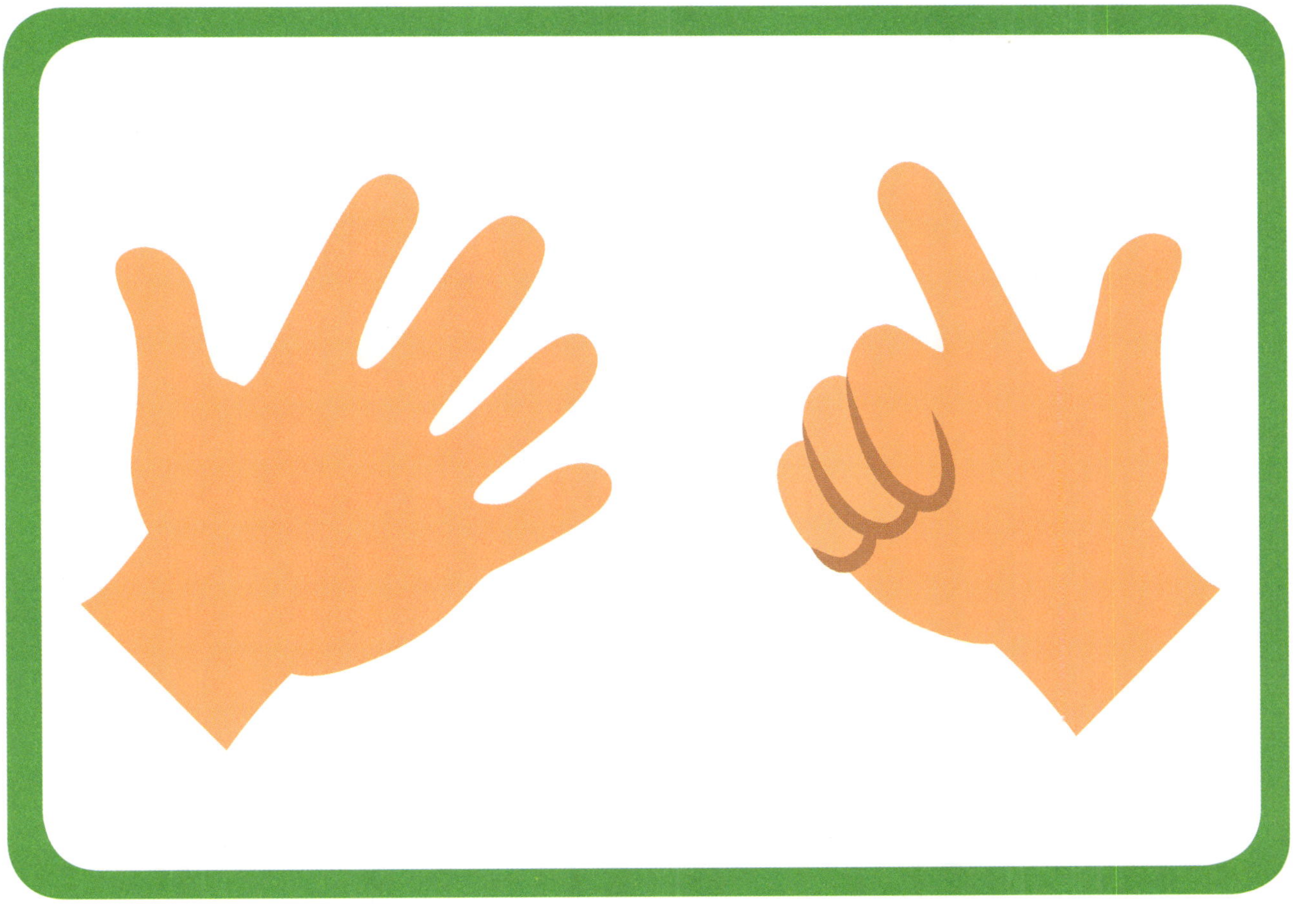

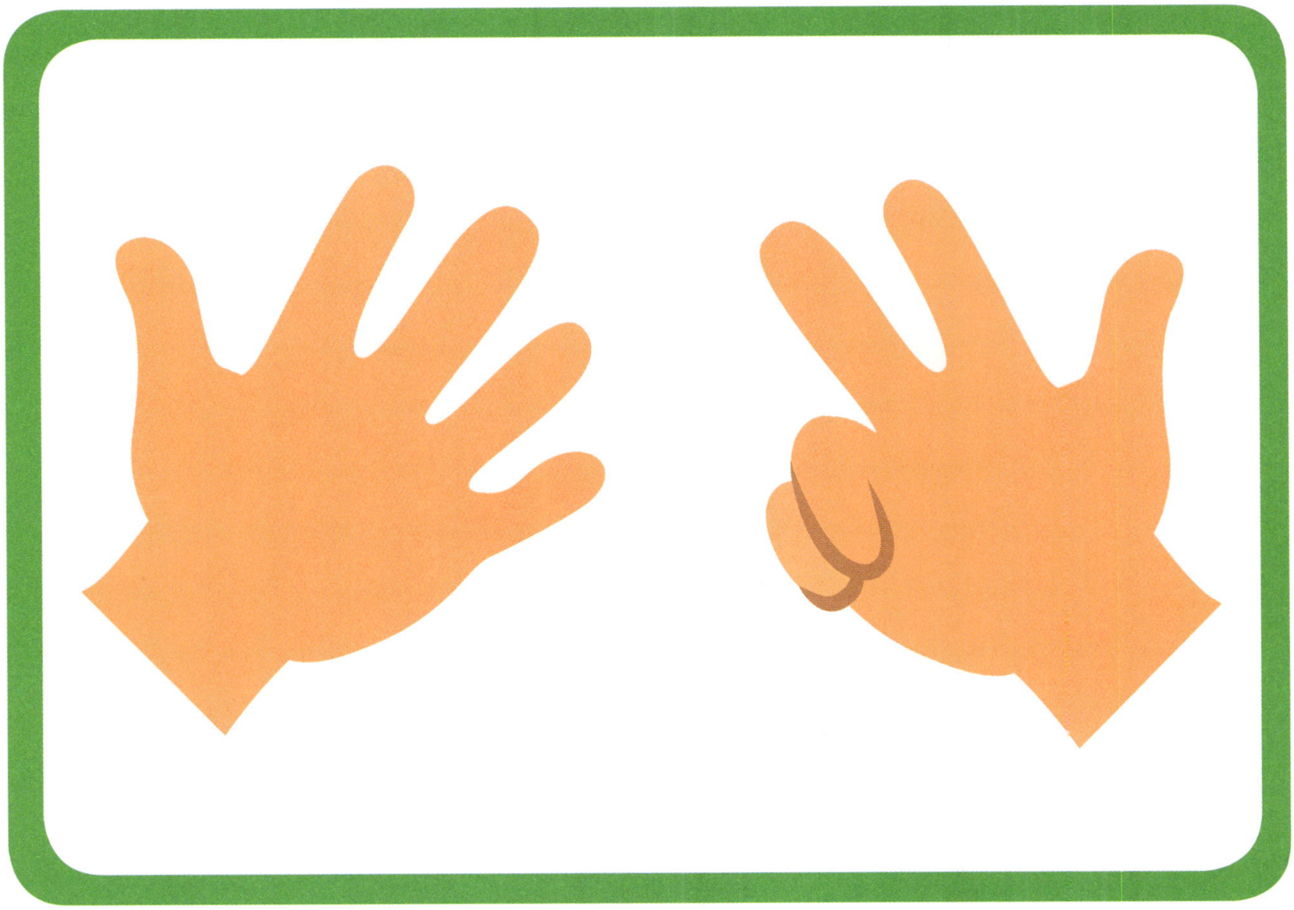

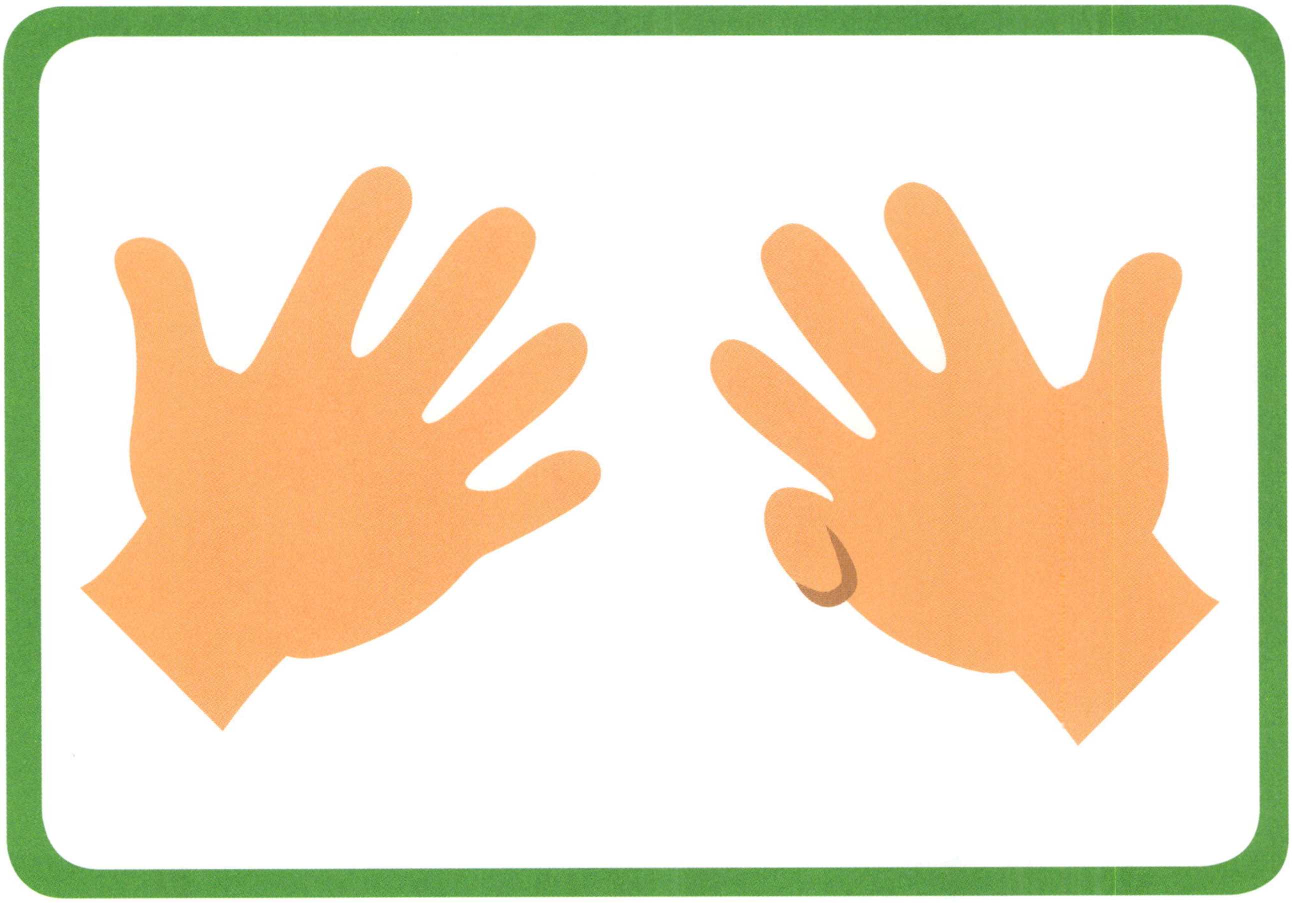

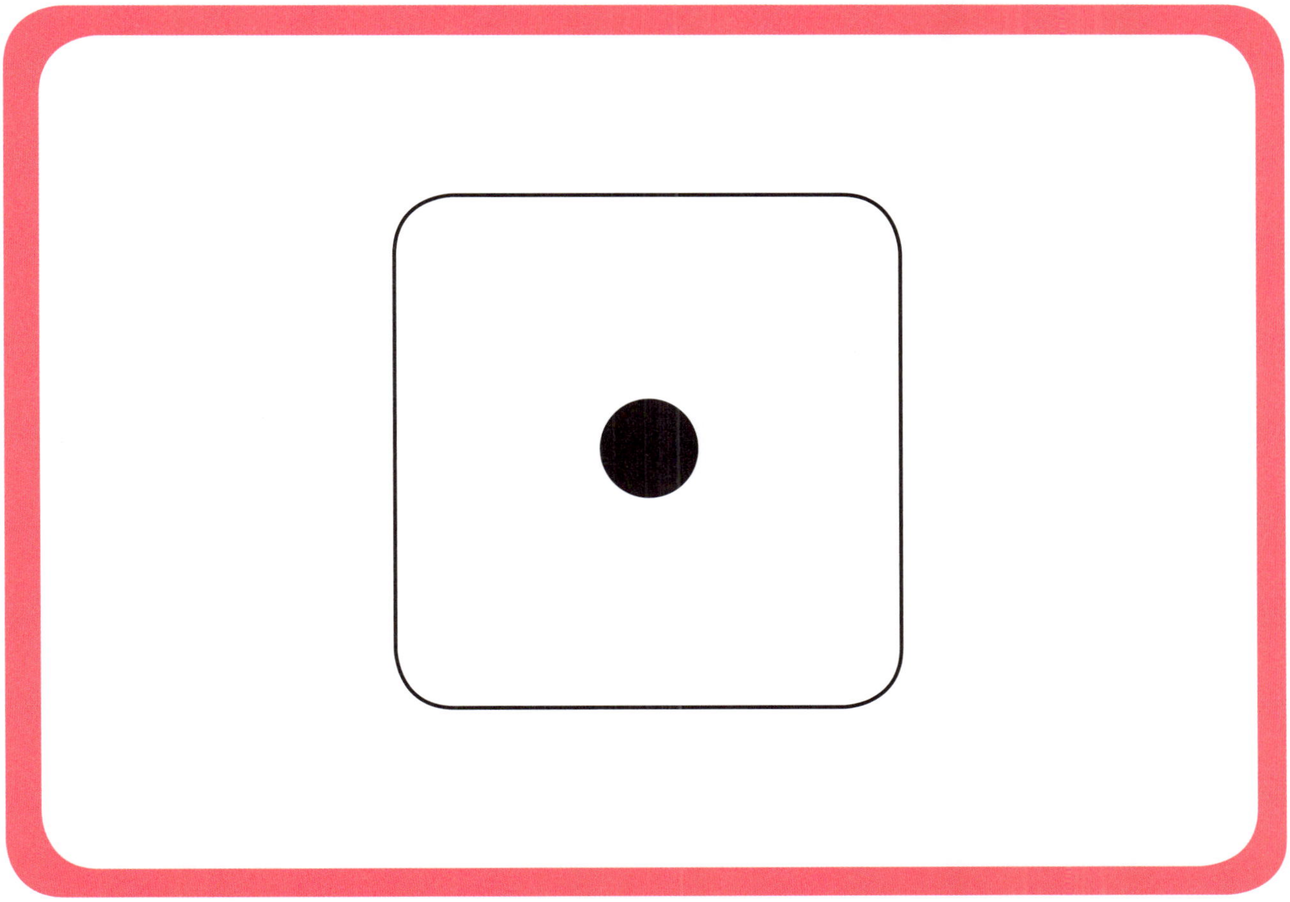

La comptine du petit singe

Un petit singe voulait une délicieuse banane

Qu'il ne pouvait pas attraper

Un seul singe ne suffisait pas !

Alors il a appelé son ami Jordan,

pour l'aider à escalader

Un singe et encore un singe, ça fait 2

Mais cela ne suffisait pas !

Alors ils ont appelé leur ami Sacha !

Deux singes et encore un singe, ça fait 3

Enfin, trois singes, ça suffisait !

La comptine du monstre à compter

Cette comptine a vocation à être chantonnée, sur l'air de votre choix.

Je suis le monstre à compter (*agiter le monstre devant les enfants*)

Un drôle de monstre sans nez (*utiliser les mains du monstre pour montrer qu'il cherche son nez*)

Mais avec cinq yeux bien rangés (*montrer les cinq yeux*)

Avec une main d'un côté (*montrer une des mains*)

Et encore une de l'autre côté (*montrer l'autre main*)

Je suis le monstre à compter (*agiter le monstre devant les enfants*)

Et je suis là pour vous aider! (*asseoir le monstre sur vos genoux*)

La comptine de la parade des fermiers

1 lapin très malin

2 canards pas bavards

3 vaches pleines de taches

4 moutons très mignons

5 chevaux au petit trot

La comptine de la grande parade des fermiers

1 lapin très malin

2 canards pas bavards

3 vaches pleines de taches

4 moutons très mignons

5 chevaux au petit trot

6 cochons bien ronchons

7 chats comme des pachas

8 oies de guingois

9 poules qui déboulent

10 poussins pour la fin

Les puzzles à compter

D'autres modèles sont téléchargeables sur le site mhm.nathan.fr.

M.H.M maternelle

M.H.M maternelle

Les réglettes de couleur

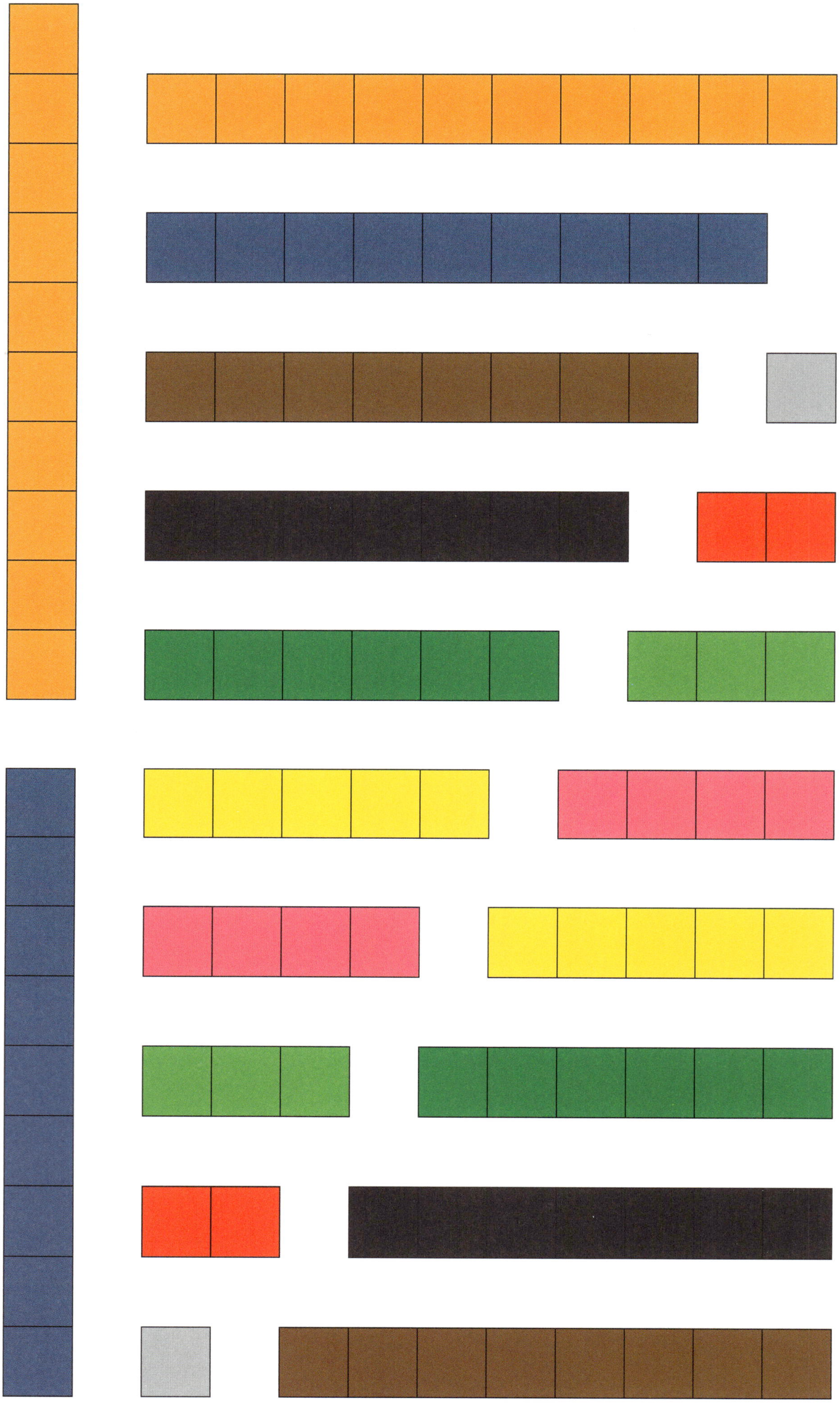

Le jeu du serpent

Le jeu des insectes – plateau de jeu n° 1

Le jeu des insectes – plateau n° 2 (partie droite)

Le jeu des insectes – plateau n° 2 (partie gauche)

Le jeu de la ferme

Le jeu de la bataille des cartes

1	2	3
4	5	<u>6</u>
7	8	<u>9</u>

10

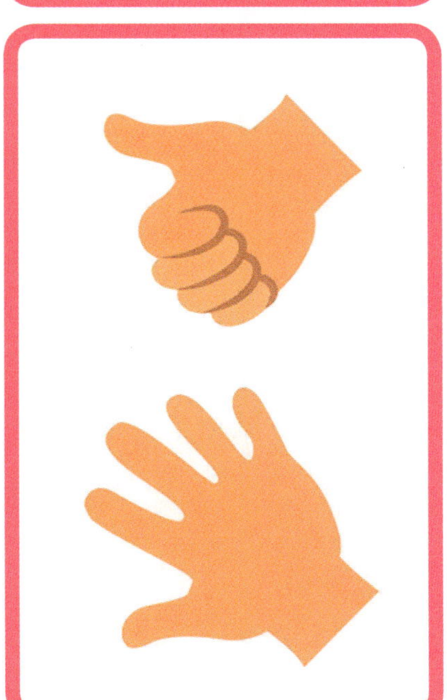

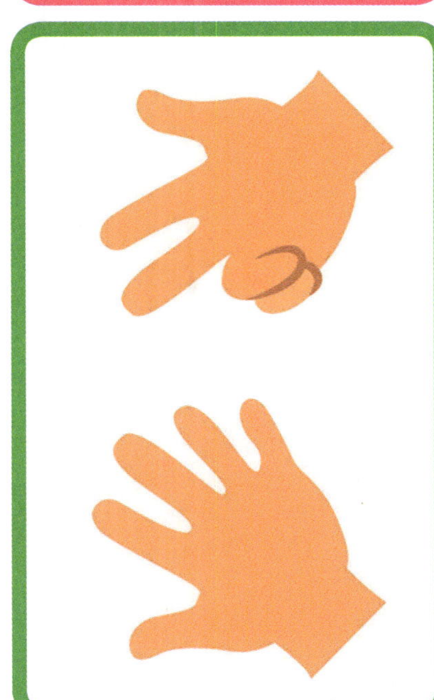

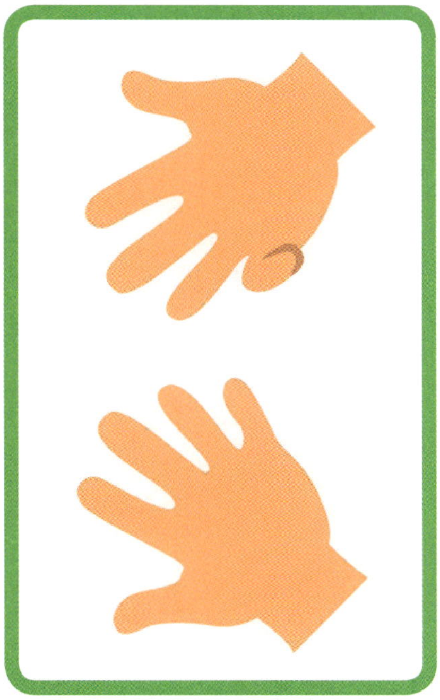

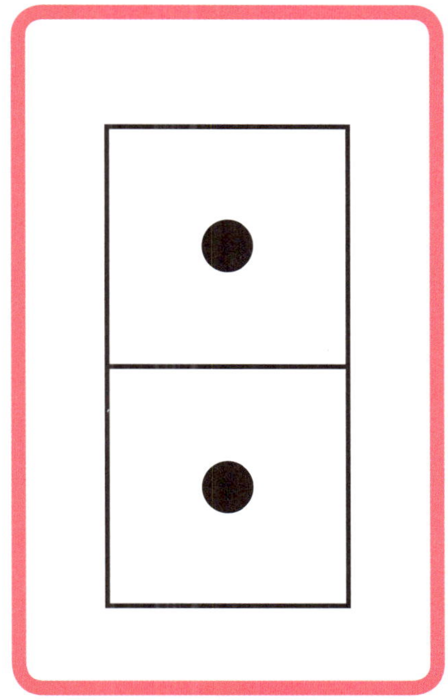
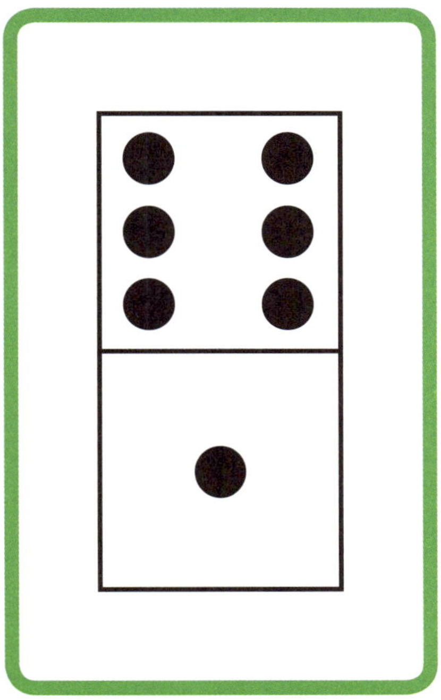
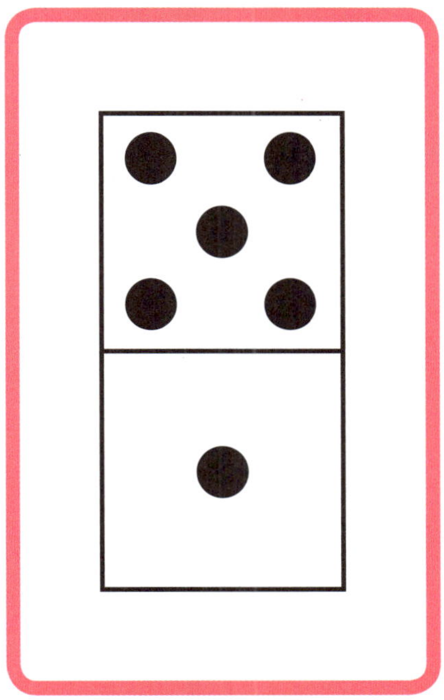
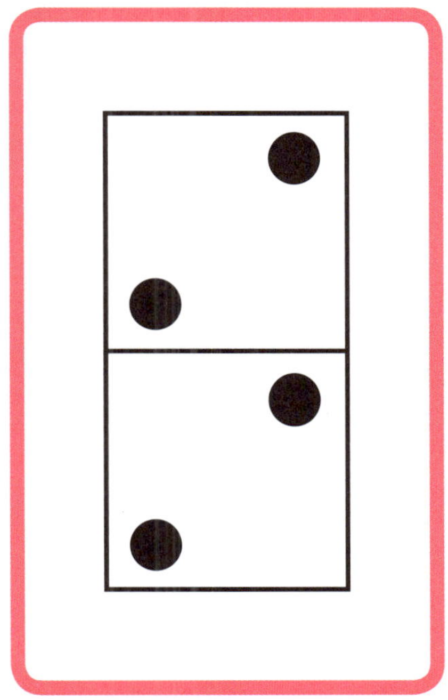

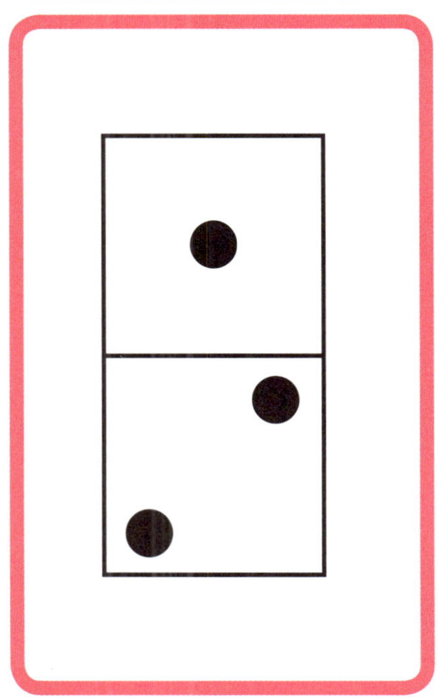

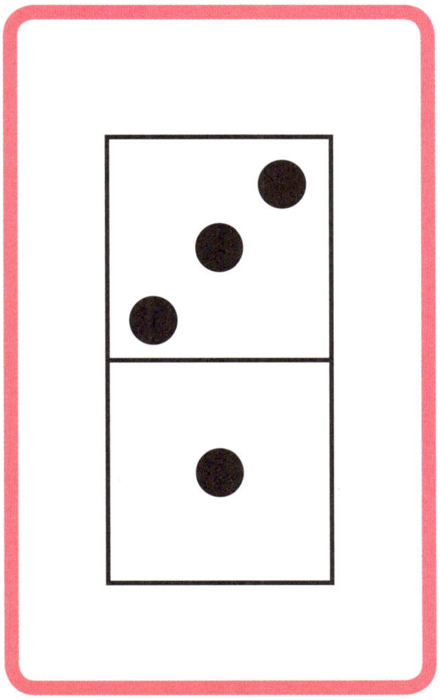
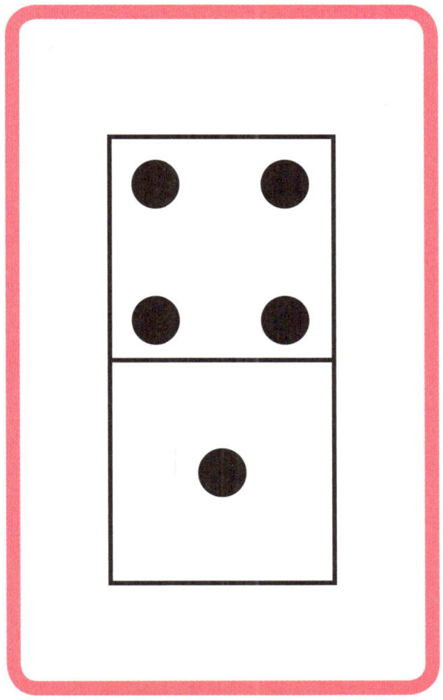
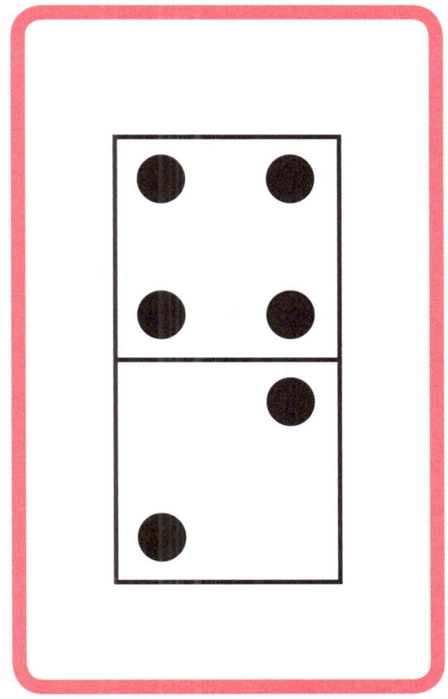

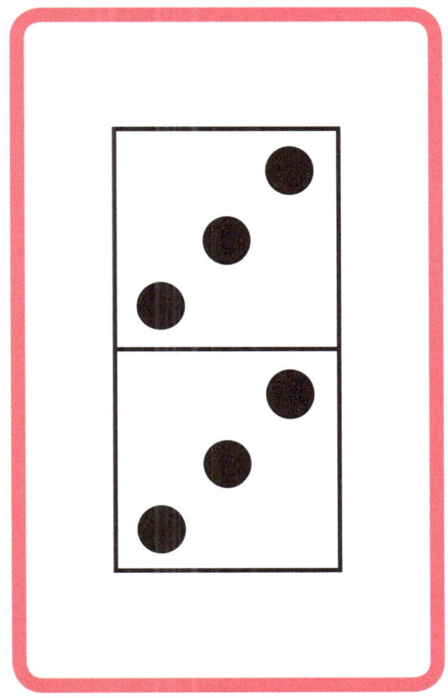

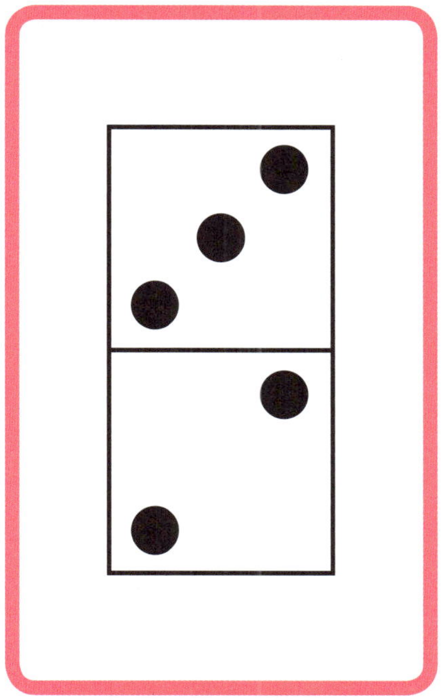

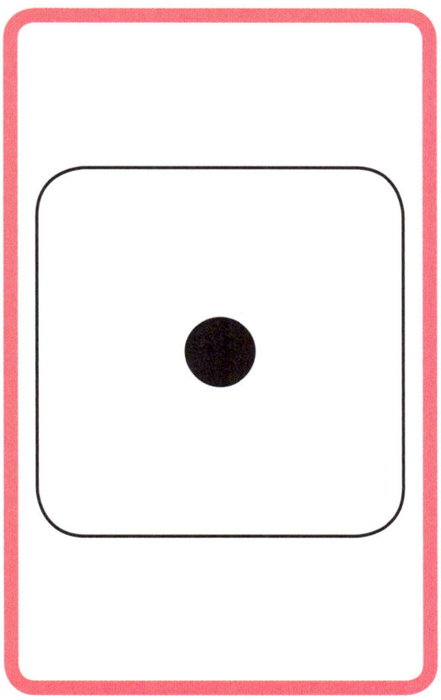

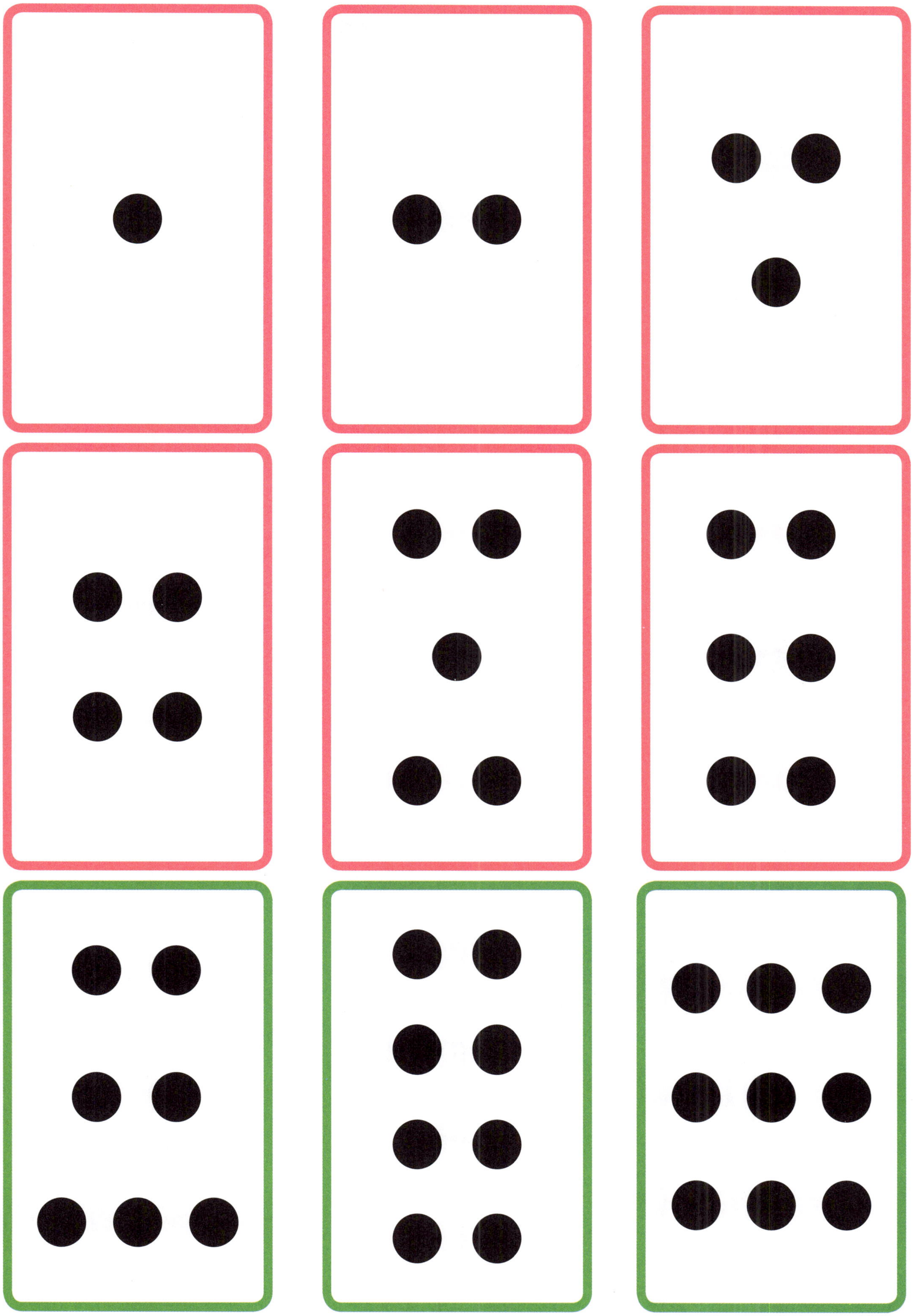

Les cartes collections

Le jeu des couches

Le jeu des couches - Modèles

1.

2.

3.

4.

5.

6.

7.

8.

9.

M.H.M maternelle	M.H.M maternelle	M.H.M maternelle
M.H.M maternelle	M.H.M maternelle	M.H.M maternelle
M.H.M maternelle	M.H.M maternelle	M.H.M maternelle

10.

11.

12.

13.

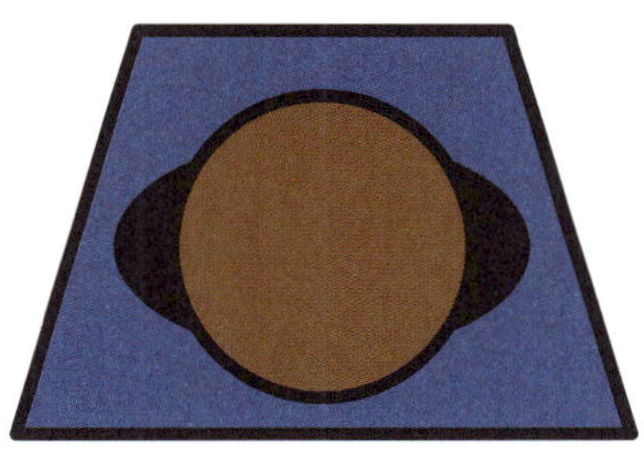

14.

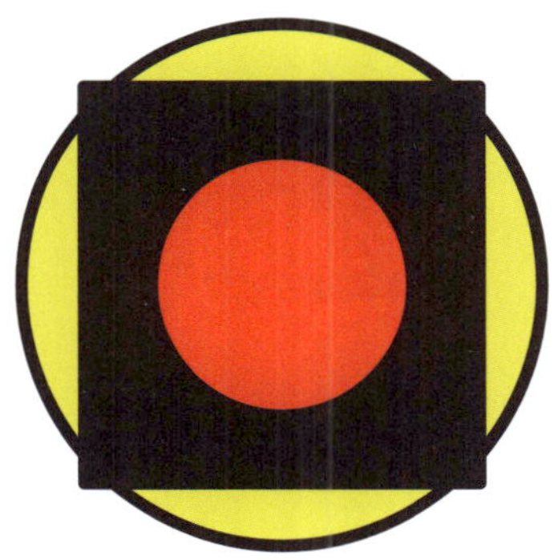

15.

16.

17.

18.

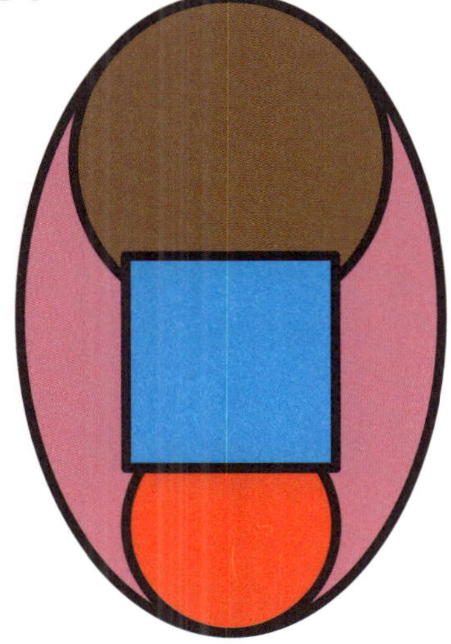

M.H.M maternelle	M.H.M maternelle	M.H.M maternelle
M.H.M maternelle	M.H.M maternelle	M.H.M maternelle
M.H.M maternelle	M.H.M maternelle	M.H.M maternelle

La bande articulée

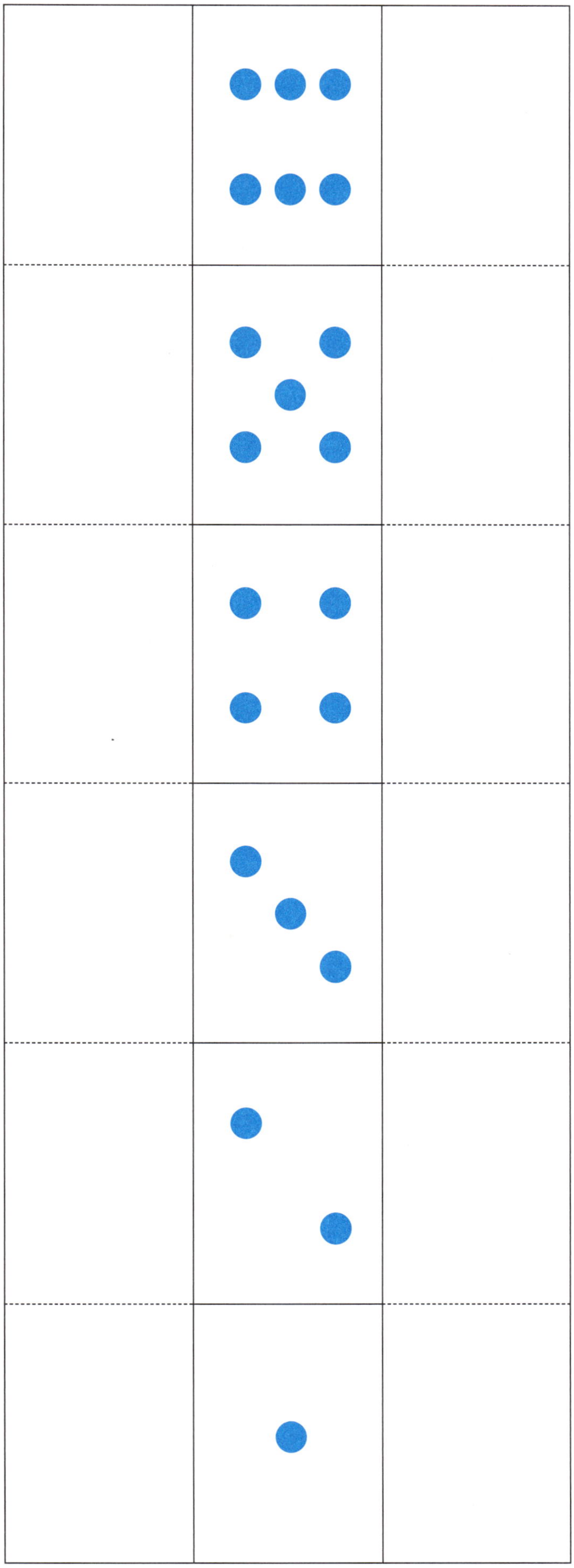

1	2	3	4	5	6

Les pièces de monnaie

Les billets

5 EURO

5 EURO

5 EURO

5 EURO

5 EURO

5 EURO

5 EURO

5 EURO

5 EURO

5 EURO

5
5 EURO

5
5 EURO

5
5 EURO

5
5 EURO

5
5 EURO

5
5 EURO

5
5 EURO

5
5 EURO

5
5 EURO

5
5 EURO

Le piano des nombres

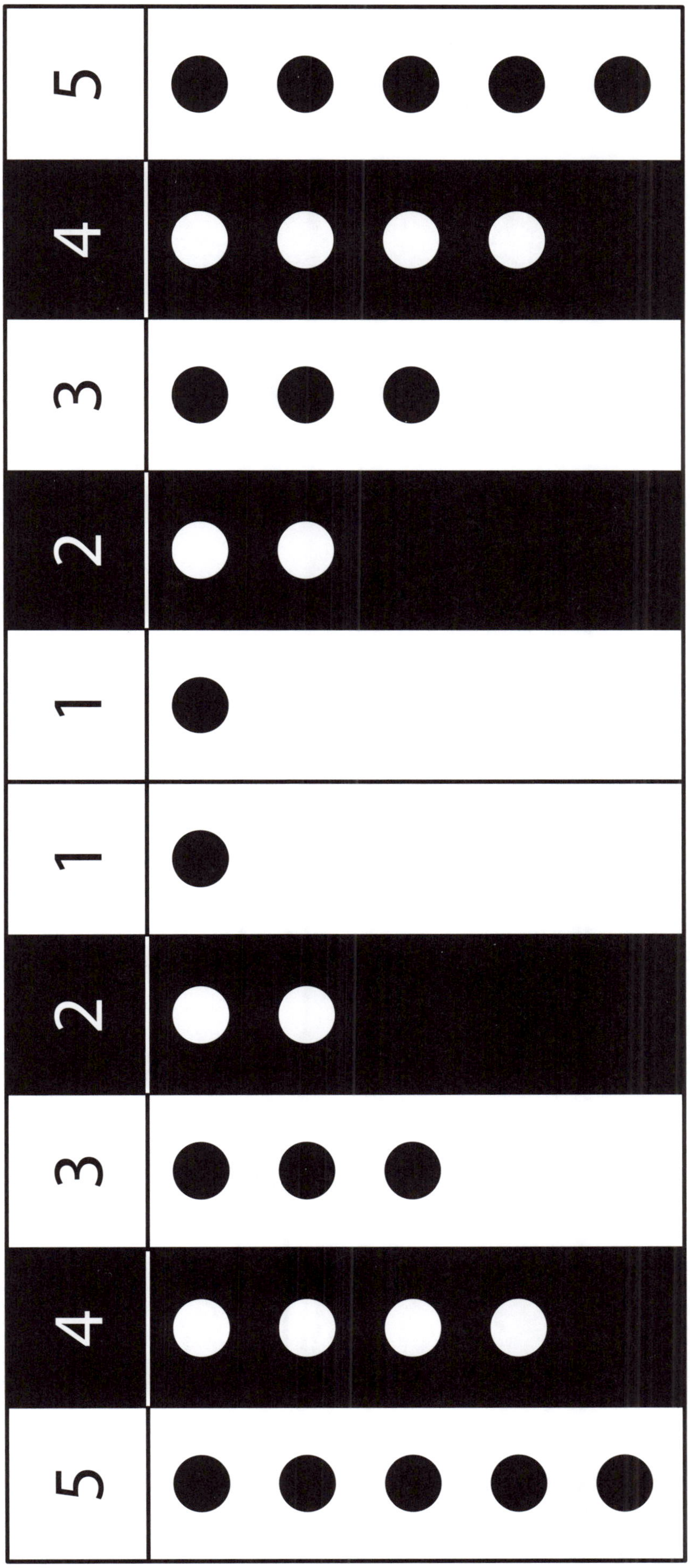

Les flutes

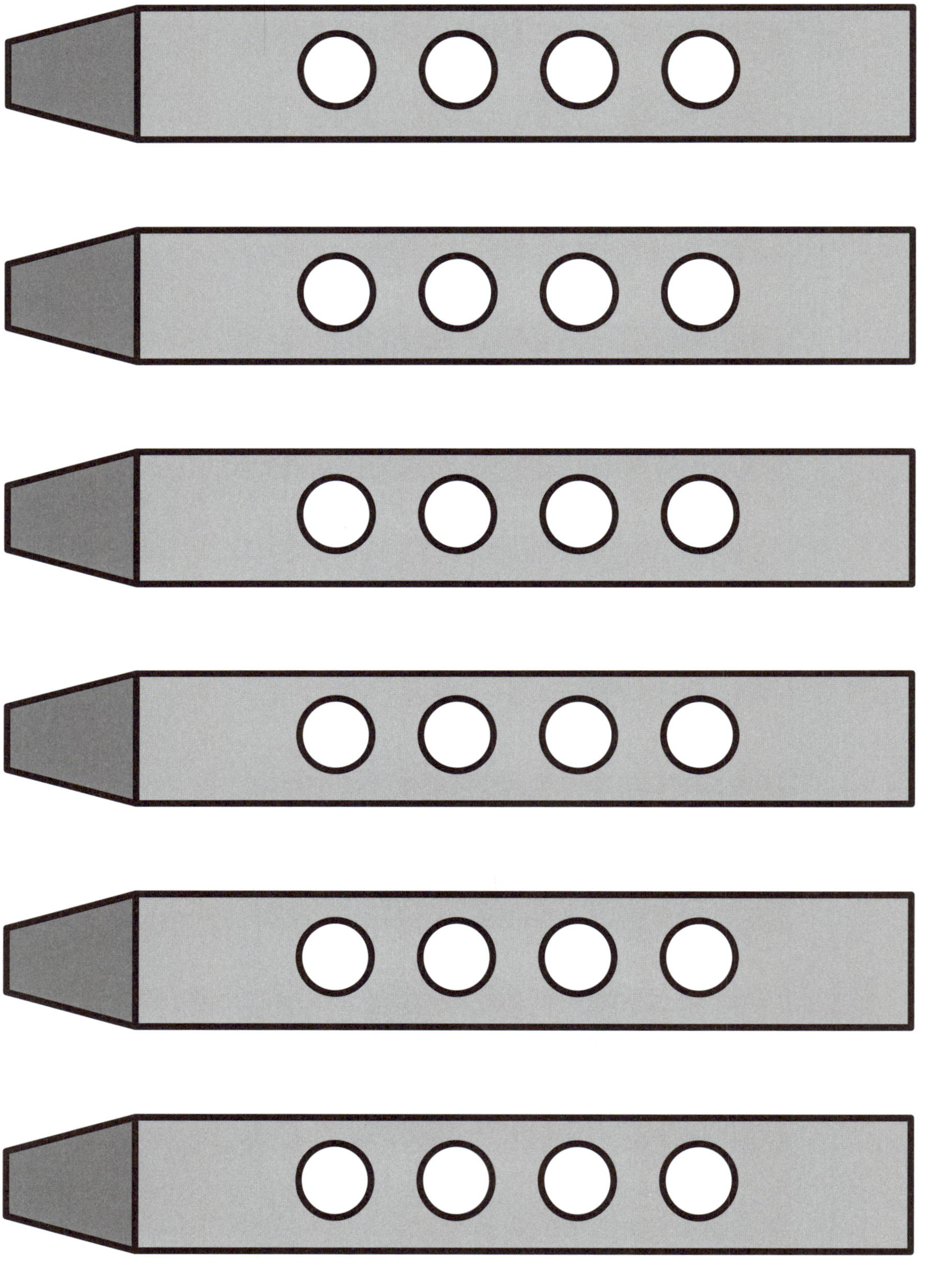

Les collections de 6

Compléter pour avoir 6 :

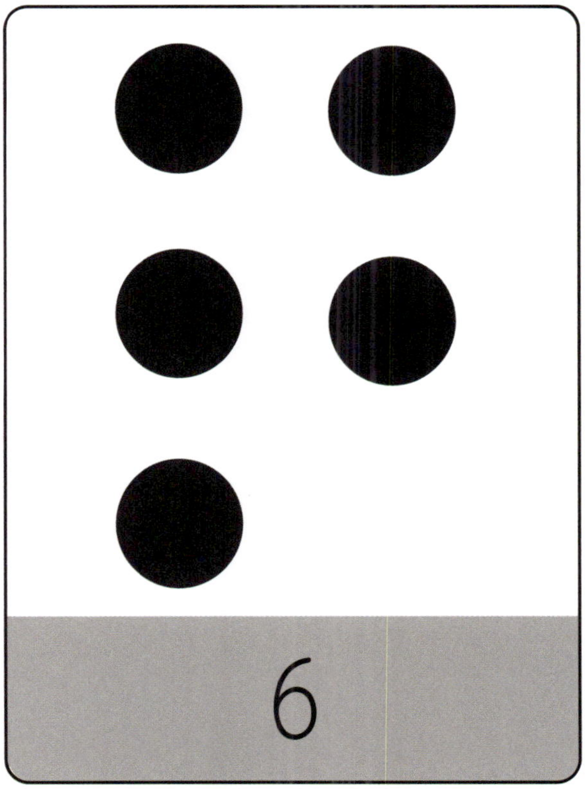

Les gabarits des rectangles

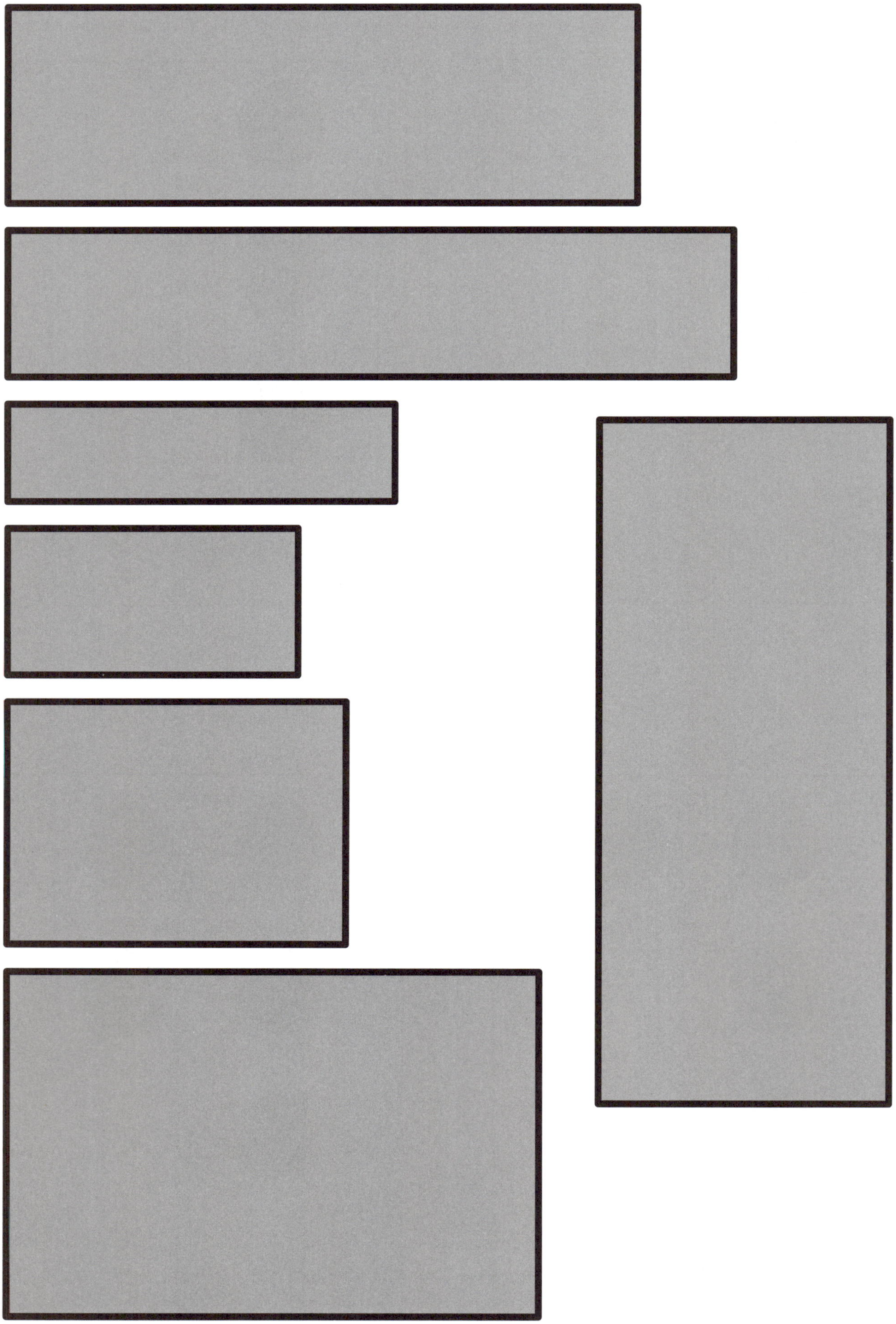

Le set de maths

1	2	3	4	5	6

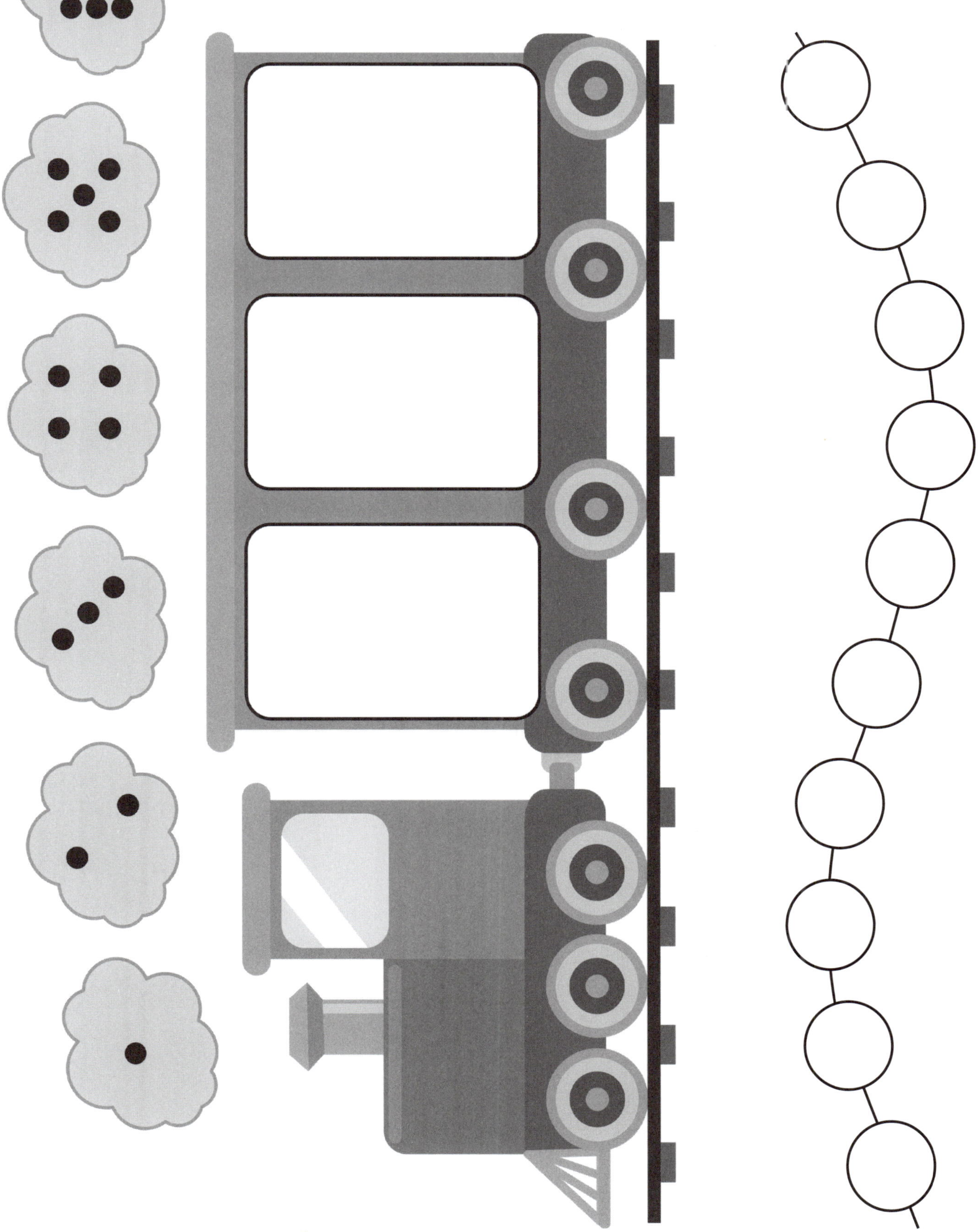

Le wagon

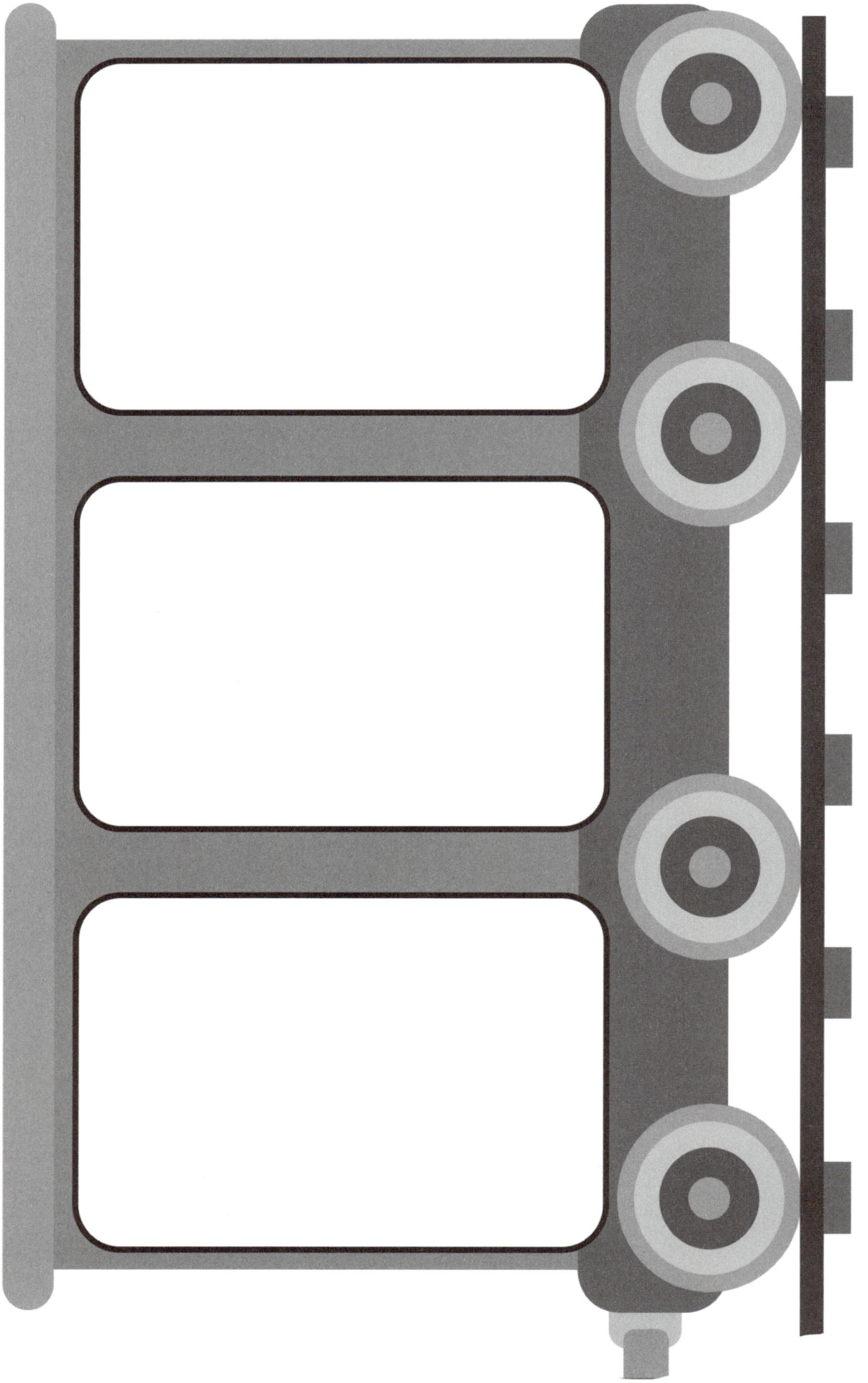

Le patron du monstre à compter

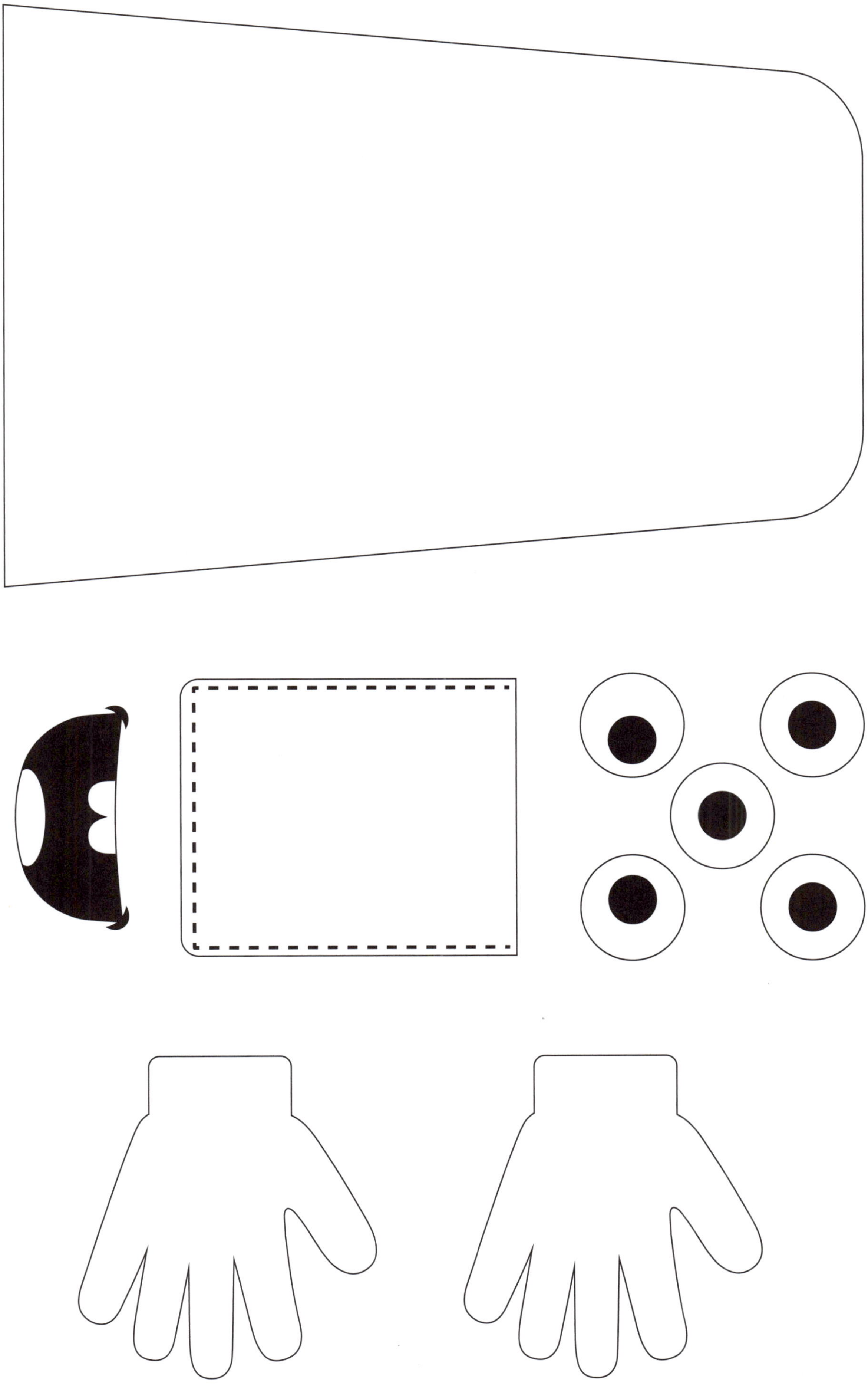

Les bons de commande

Bon pour un bouquet

Bon pour un bouquet

Les modèles de dominos

Les modèles d'algorithmes

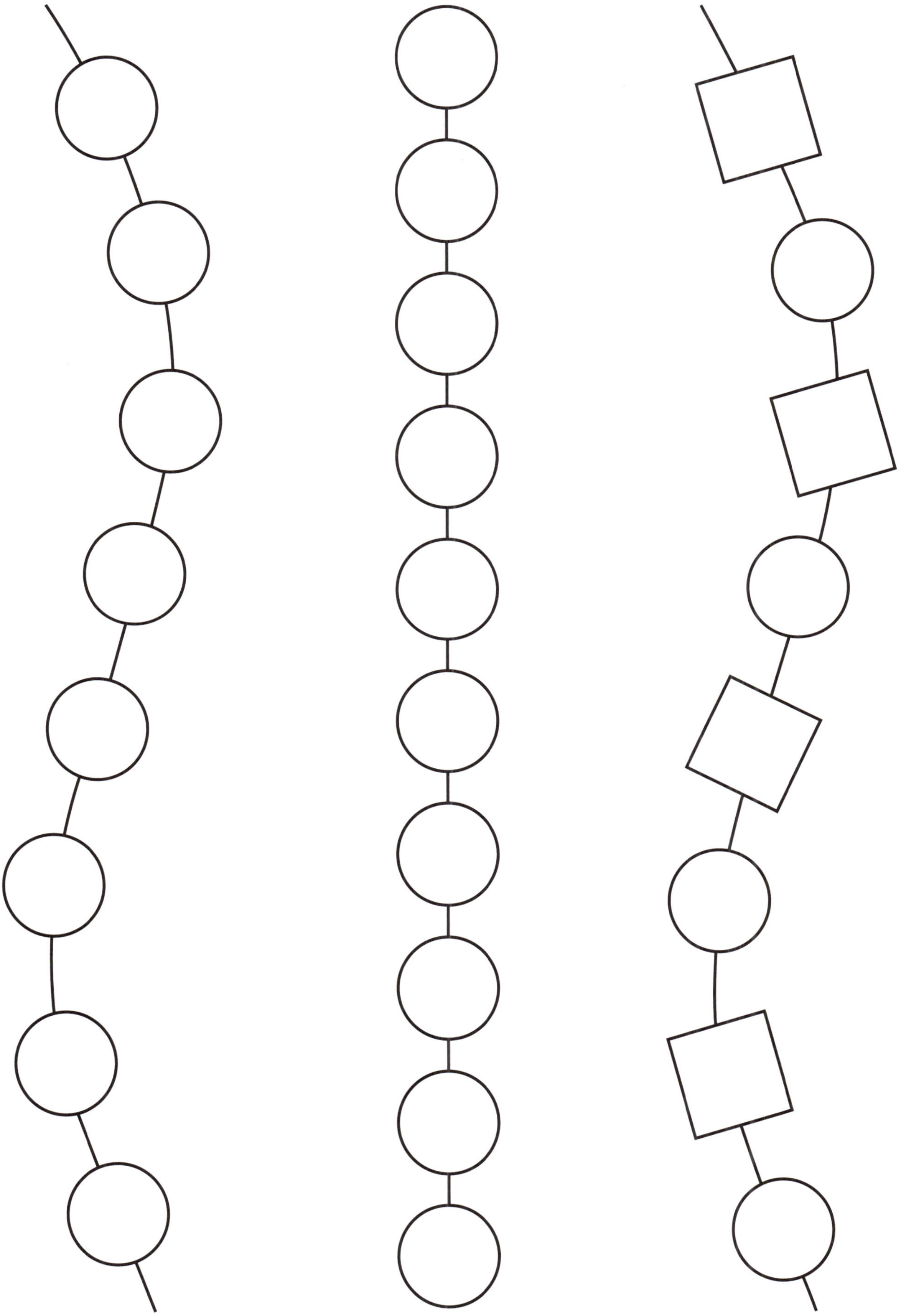

Le tangram Totem

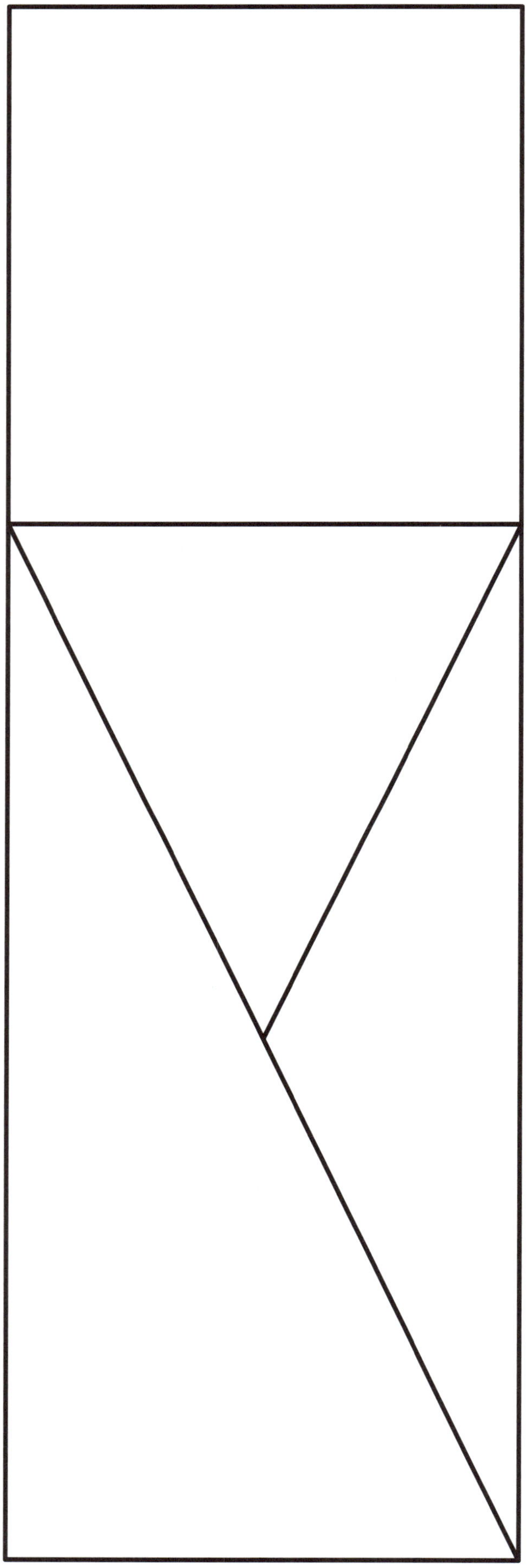

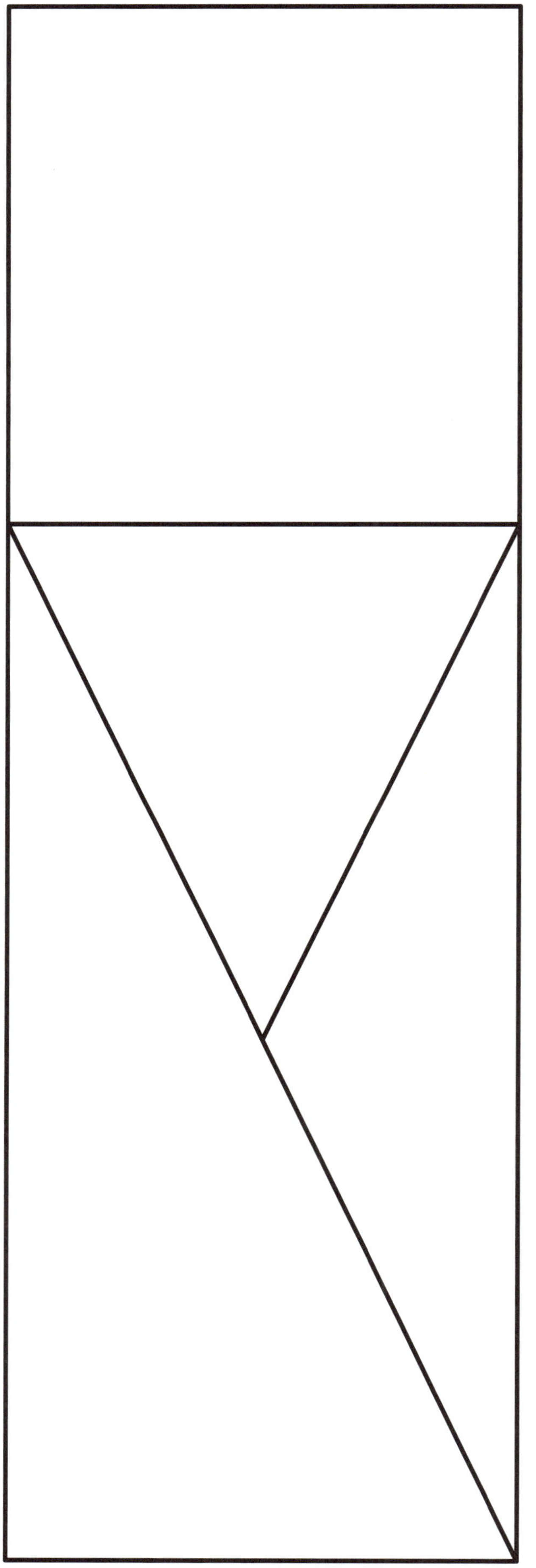

Les formes de base des tangrams Totem

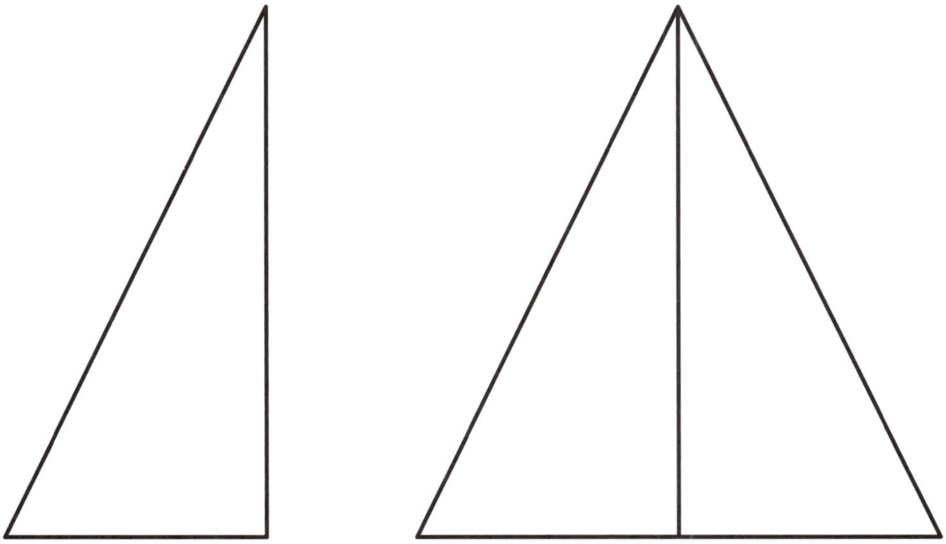

Les triangles

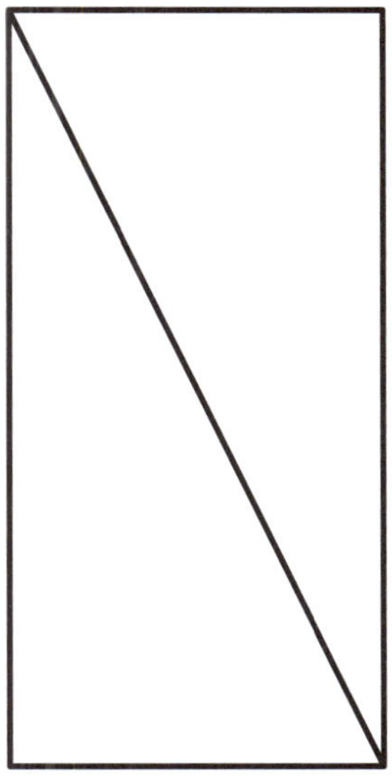

Le rectangle

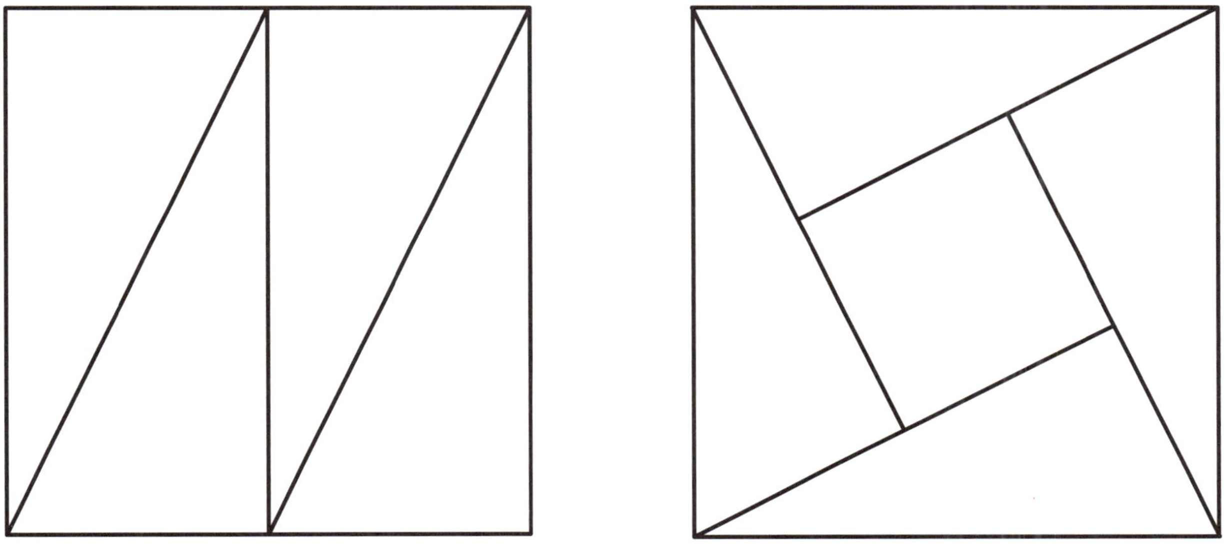

Les carrés

Le losange

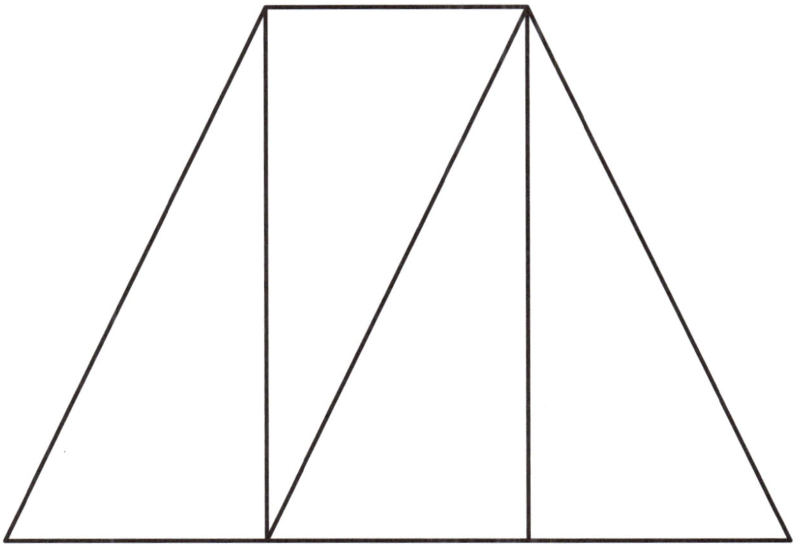

Le trapèze

Les modèles des tangrams Totem

Modèles à 3 pièces

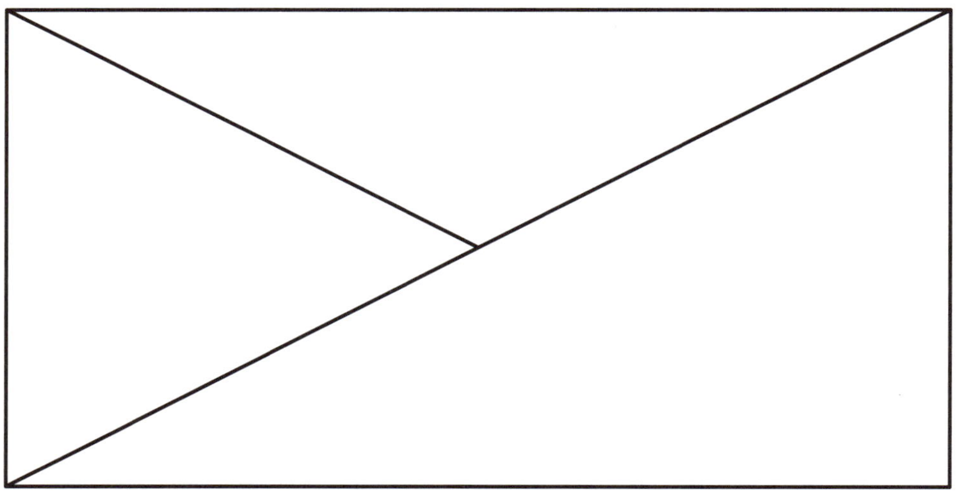

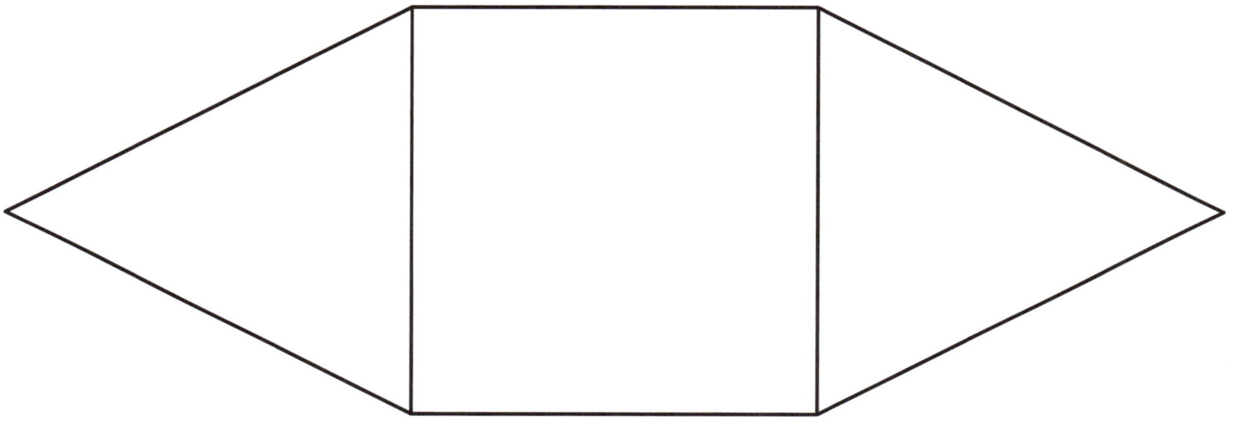

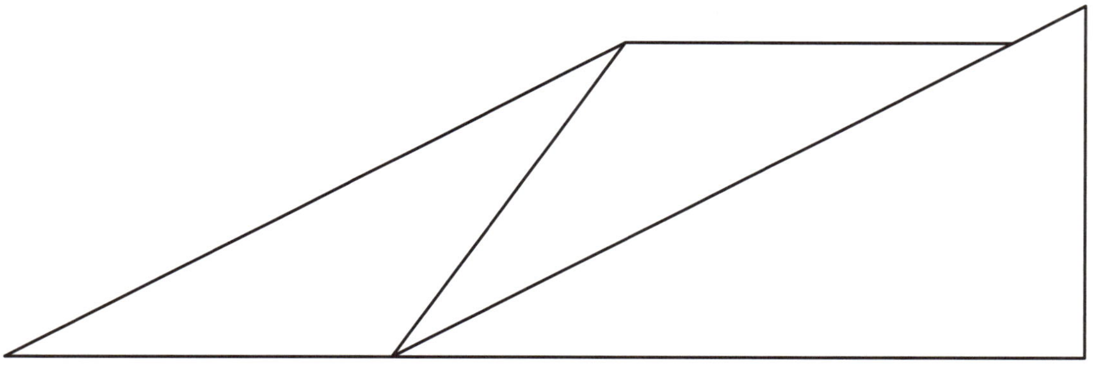

Modèles à 4 pièces

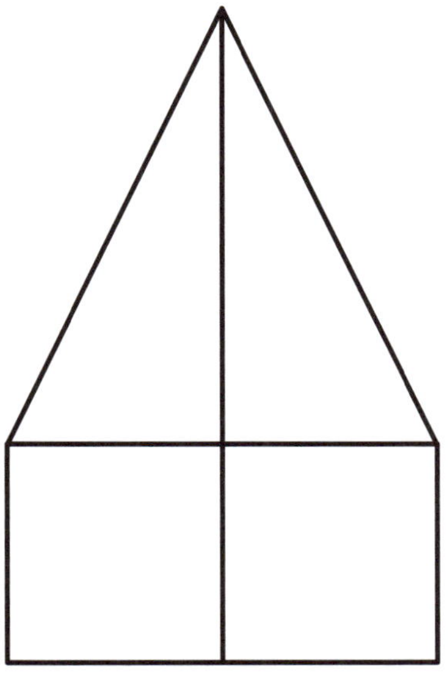

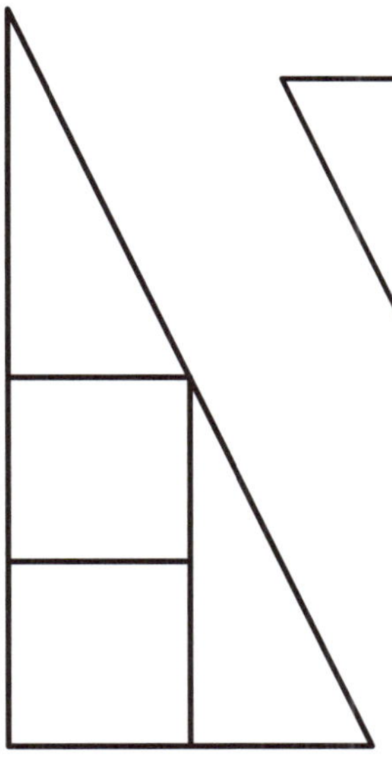

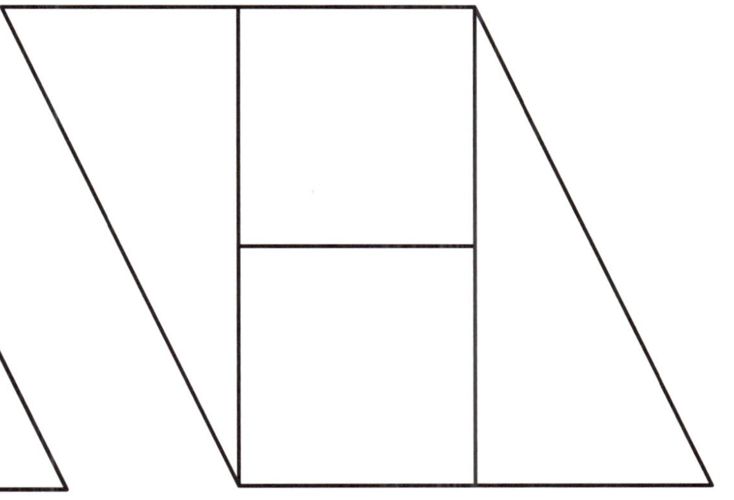

Modèles complexes

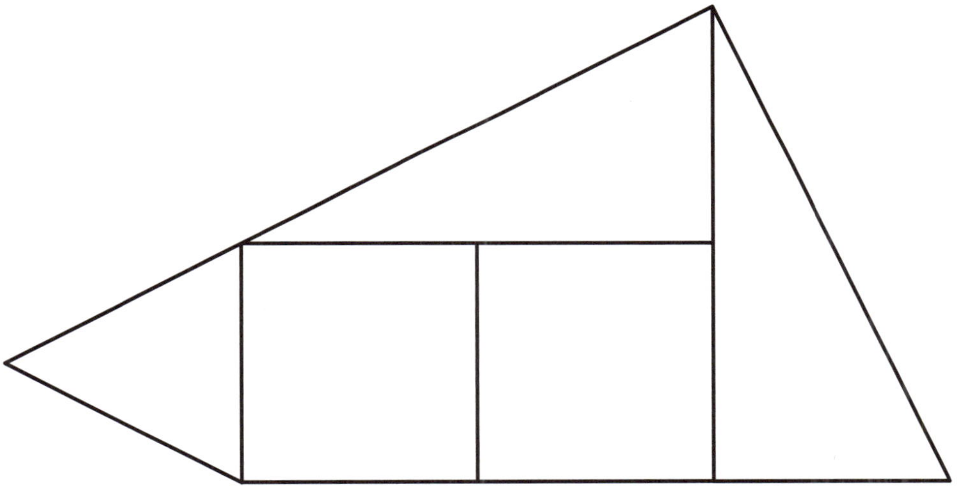

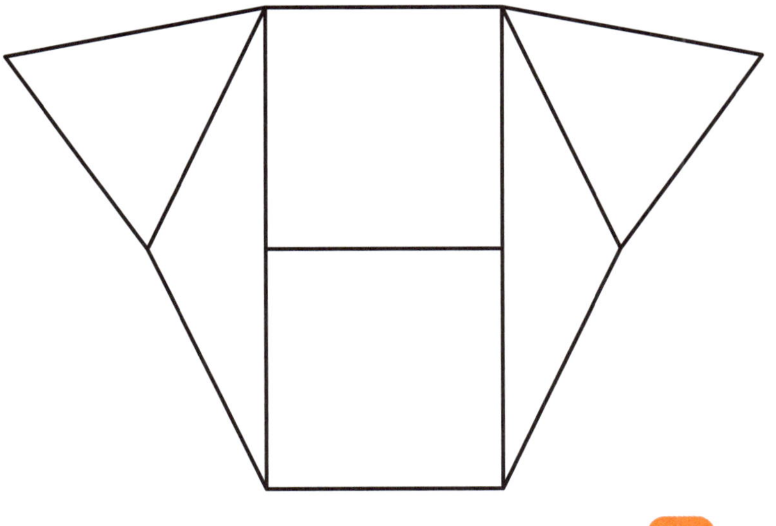

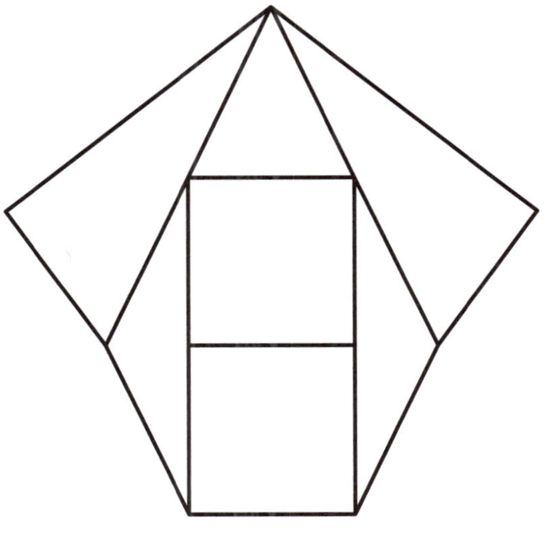

Prénom de l'élève : ....

Fiche d'évaluation de Moyenne Section

Ces items sont à faire passer individuellement, sur un temps dédié (accueil, après un atelier, etc.). Ces différents aspects de l'évaluation de la comptine numérique permettent d'identifier le niveau de connaissance de la comptine de l'élève (voir Guide de la méthode p. 70-71).
Cette évaluation pourra être refaite à chaque période.

1. Demander à l'élève de réciter la comptine numérique le plus loin possible.
Il a le droit à deux essais.

Il s'arrête à : ....

2. Demander à l'élève de réciter la comptine numérique en s'arrêtant à 3, puis si possible à 6.
En cas d'échec, il a le droit à un deuxième essai.
☐ Il arrive à s'arrêter à 3 et/ou à 6, comme annoncé.
☐ Il poursuit au-delà de 3 et/ou 6 et doit être arrêté par l'adulte qui rappelle la consigne.

3. Faire réciter la comptine par l'élève en lui demandant de pointer les nombres (en mettant à disposition une bande numérique).
☐ Il récite la comptine jusque 3 ou 6 en pointant correctement les nombres.
☐ Il récite la comptine jusque 3 ou 6, mais ne coordonne pas les nombres au pointage.

4. Demander à l'élève de fabriquer une collection de cardinal donné puis de donner X jetons (X inférieur à 3), dans une collection d'au moins 6 jetons posés sur la table.

5. Dénombrer le cardinal d'une collection (inférieure à 6).
☐ Avec une collection organisée (dé) : en comptant ou sans compter (subitizing).
☐ Avec une collection désorganisée.

6. Demander à l'élève de montrer les objets et les formes suivants.
Mettre les vrais objets à disposition sur la table : un dé, un domino, un pion, un morceau de puzzle, un cercle, un carré, un triangle.

Compléments

On peut en profiter pour évaluer d'autres compétences.
– Identifier et nommer les écritures chiffrées.
– Donner le suivant d'un nombre, etc.

Crédits photographiques : **p. 71h** Si-Gal / Istockphoto ; **p. 71b** biscotto 87 / Istockphoto.

Édition : Florence Guichard
Conception graphique et mise en page : Anne-Danielle Naname et Adeline Calame
Coordination artistique et conception couverture : Julie Lannes
Illustrations couverture et pictos : Philippe Derrien
Illustrations intérieures : Élodie Lauret
Schémas : Corédoc
Mise en pages : CGI

N° édition : 10269513 - Dépôt légal : mai 2021
Imprimé en France en mai 2021 par la Nouvelle Imprimerie Laballery - N°104467